Gorda não é palavrão

Fluvia Lacerda

Gorda não é palavrão

COMO SER FELIZ GOSTANDO DO SEU CORPO COMO ELE É

paralela

A Editora Paralela é uma divisão da Editora Schwarcz S.A.

Grafia atualizada segundo o Acordo Ortográfico da Língua Portuguesa de 1990, que entrou em vigor no Brasil em 2009.

CAPA Alceu Chiesorin Nunes

FOTO DE CAPA Gustavo Arrais

PREPARAÇÃO Lígia Azevedo

REVISÃO Luciana Baraldi e Luciane Gomide

Dados Internacionais de Catalogação na Publicação (CIP)
(Câmara Brasileira do Livro, SP, Brasil)

Lacerda, Fluvia
Gorda não é palavrão : como ser feliz gostando do seu corpo como ele é / Fluvia Lacerda. — 1ª ed. — São Paulo : Paralela, 2017.

ISBN 978-85-8439-096-0

1. Corpo – Imagem 2. Corpo – Mente 3. Experiências de vida 4. Mercado da moda 6. Moda – Pesquisa 7. Mulheres – Saúde I. Título.

17-08073 CDD-391.072

Índices para catálogo sistemático:
1. Corpo e moda : Pesquisa 391.0072
2. Moda e corpo : Pesquisa 391.0072

[2017]

EDITORA SCHWARCZ S.A.
Rua Bandeira Paulista, 702, cj. 32
04532-002 — São Paulo — SP
Telefone: (11) 3707-3500
www.editoraparalela.com.br
atendimentoaoleitor@editoraparalela.com.br
facebook.com/editoraparalela
instagram.com/editoraparalela
twitter.com/editoraparalela

Sumário

Por que escrevi este livro

Sou modelo plus size desde 2003, e pode ser que você já tenha me visto na televisão, em alguma campanha ou me conheça como "a Gisele Bündchen GG", mas levei alguns anos para começar minha carreira no Brasil, e foi um longo caminho. Acredito que o que me despertou para a necessidade de trabalhar aqui foi uma viagem que fiz a Natal no fim de 2006.

Nessa época, eu estava cansada do ritmo insano em que trabalhava e decidi tirar um tempo para voltar ao Brasil e descansar. Mal sabia a importância que essa decisão teria — e o quanto eu aprenderia sobre a realidade da mulher brasileira.

Assim que desembarquei em Natal, descobri que minhas malas haviam sido extraviadas. Levou três dias até que a companhia aérea achasse e devolvesse tudo. Sem ter o que vestir nesse meio-tempo, saí para comprar roupas, e foi então que vivi na pele o drama da mulher gorda brasileira. Habituada com a variedade de modelos plus size nos Estados Unidos, onde moro desde 1995, fiquei em choque com o vácuo que encontrei por aqui. Eu me lembro de ter perguntado à minha irmã: "Como as gordas fazem no Brasil? Andam peladas?".

Não sei dizer por que nunca havia notado essa falta gritante: talvez porque quando eu era mais jovem e morava aqui eu não tinha dinheiro para roupas e, portanto, não me preocupava com isso... Morando fora, mesmo antes de ser modelo e ganhando pouco, me acostumei a comprar roupas e a ter opções para expressar meu estilo.

Em 2006 não existiam blogueiras para dar dicas. O mercado plus size era praticamente nulo. Vesti umas roupas de ginástica da minha irmã, que eram as únicas que cabiam em mim, e saí para uma busca mais intensa. Fui a tudo quanto era cantinho da cidade, entrando até em confecções caseiras. Todas tinham apenas os tamanhos convencionais: PP, P, M, G E GG. E GG aqui no Brasil é uma coisa ridícula. Minha mãe é uma pessoa pequena, de quadril fino, e usa GG. Desde então, passei a buscar peças plus size em toda cidade brasileira que visito.

Anos depois do episódio em Natal, fui com minha tia, que precisava comprar um presente para uma amiga, a um shopping em São Paulo. Enquanto estava ao celular, fui mexendo nas peças dispostas na arara de uma loja. Assim que desliguei, me dirigi a uma das vendedoras: "Oi! Você tem outras estampas deste modelo aqui?". Ela nem se deu ao trabalho de me cumprimentar e disse: "Não temos seu manequim nesta loja". Nessas horas, a Fluvia desbocada aparece. Respondi na lata: "Acho que você não me ouviu bem. O que perguntei foi se tem outras estam-

Como as gordas fazem no Brasil? Andam peladas?

pas dessa aqui, não se tem meu tamanho". Na hora, ela já se deu conta da besteira, mas não perdi a oportunidade e acrescentei: "Você foi muito mal treinada". A gerente estava por ali, então aproveitei para mostrar a ela o quanto aquele comportamento era incorreto. "Eu tenho dinheiro para gastar nesta loja. E não é pouco. Mas vocês perderam a oportunidade de vender porque são preconceituosas", eu disse.

UM NOVO DESAFIO

Esses episódios me marcaram muito. Eu sabia que precisava fazer algo para mudar o cenário brasileiro. Queria questionar e quebrar essa cultura que deixava tantas mulheres à margem, apesar de serem maioria.

Então, no início de 2007, decidi que tinha de trabalhar para aumentar o mercado plus size brasileiro, o que não seria fácil. O primeiro empecilho foi justamente encontrar alguém que me assessorasse. "Modelo gorda no Brasil? Não vai funcionar! Isso não existe, não vai dar certo, não existe moda plus size no país" era o que eu mais ouvia. Nem dá para mensurar quantos "nãos" ouvi. Marcava reuniões com agências de comunicação para me apresentar, contava sobre meu trabalho e dizia que gostaria de divulgá-lo no Brasil porque acreditava que era necessário abrir o mercado por aqui. Sabia que havia uma demanda reprimida. Tinha sentido na pele, tinha pesquisado sozinha. Mas as pessoas achavam que eu estava louca. Eu tinha dinheiro para fechar o contrato, estava a fim de trabalhar, sabia que havia gente querendo comprar, ler, entender melhor o assunto, mas os assessores não queriam trabalhar para mim.

Senti de forma reavivada a importância de me comunicar com as mulheres brasileiras. Se eu ouvia aquele tipo de resposta e estava apenas em uma busca profissional, conseguia imaginar como era para quem se tratava de uma questão de autoestima, de poder se vestir para sair de casa com confiança. Parecia algo impossível.

UM LIVRO

Essa semente foi crescendo dentro de mim e levou a este livro. Em 2015, quando fui sondada para escrevê-lo, estava passando por um período muito difícil. Meu companheiro havia morrido, e eu tinha um filho de um ano. Não tinha tempo para organizar meus pensamentos, muito menos escrever um livro inteiro.

Fora que eu questionava se um livro era necessário, a ideia me parecia até pretensiosa. O que eu, essa pessoa desbocada, festeira e sincera demais para o próprio bem teria para ensinar às pessoas? Sempre fui diferente, sempre questionei preconceitos, sempre me senti um peixe fora d'água. Isso não me incomodava, mas também não me ajudava a compreender as preocupações que abalavam tanta gente. Nunca tive problemas em lidar com meu corpo e, como minha forma de ver, analisar e interagir com o mundo não eram as mesmas que as da grande maioria das pessoas, não entendia quem sofria tanto com peso, por exemplo.

Por gerações,
aprendemos a seguir
condicionamentos
machistas sobre como
viver e que
aparência ter.

Hoje, mais do que nunca, percebo que a maneira como encaro essa situação veio impressa no meu DNA de alguma forma. Não aprendi com ninguém, é algo que tenho. E quero dividir isso com as mulheres, pois vejo que a mentalidade que me protegeu e ajudou a chegar aonde estou pode salvar muitas vidas que sofrem com os padrões opressivos.

Graças às redes sociais, consegui ir falando com cada vez mais brasileiras. E fui aprendendo a ter empatia por um problema que traz tanto sofrimento às pessoas. Foi um processo muito rico de troca, no qual percebi a real carga que elas suportam diariamente. E, ao longo de outras dificuldades pessoais que enfrentei, entendi que posso servir de embaixadora para a causa.

Um caso em especial me marcou: uma seguidora de dezesseis anos que me escreveu sobre sua tentativa de suicídio, causada pela pressão da família para emagrecer. Só então compreendi como aquilo que somos parece depender de nossa aparência física.

Se tudo o que eu já tinha vivido não tinha conseguido me "quebrar" por dentro, isso quebrou. Ali estava eu, uma mulher gorda que nunca se deixara atingir pelas críticas, simplesmente chocada com a gordofobia. Foi o ponto de partida para enfim escrever um livro com o intuito de expor a necessidade de libertação desse sistema escravizante.

Nesse sentido, devo muito aos meus seguidores nas redes sociais. Eles me ensinaram que o simples fato de não ter vergonha de ser como eu sou e de dizer o que penso já é uma grande bandeira, pela qual preciso lutar.

Espero que este livro a ajude a questionar a mentalidade tão enraizada que não permite que você veja o milagre e a maravilha que é o seu corpo. Espero também que a luta por mais representatividade nos veículos de comunicação ganhe ainda mais força. E que cada vez mais mulheres tenham opções para se vestir e possam se amar.

Sua vida não
se resume
à aparência.

1. De Roraima para o mundo

Ser gorda nunca foi um problema na minha vida. Posso dizer que nasci para fazer o que faço, e isso se deve ao meu corpo. E não estou falando apenas de saber posar para uma foto. A moda é só o abre-alas de uma história muito longa e importante para mim. Meu trabalho vai muito além de mostrar um rosto bonito e usar o corpo para exibir roupas. Mais do que modelo, eu me vejo como alguém que fincou uma bandeira em um território inabitado.

No início dos anos 2000, quando comecei a trabalhar com moda plus size, ninguém questionava os padrões de beleza impostos. Mas essa ideia já estava em mim. Sempre fui a menina para quem diziam: "Nossa, você é tão bonita! Se emagrecer vai ficar perfeita!". Só que, ao contrário do que acontece com a maioria das mulheres que ouve isso, eu não ficava triste ou encabulada. Não corria para chorar escondida ou malhar em uma academia qualquer. Para desespero da minha mãe, que sempre quis que fôssemos muito educados, eu respondia na lata: "Quem pediu sua opinião?".

Quando diziam:
"Nossa, você é
tão bonita!
Se emagrecer vai
ficar perfeita!",
eu respondia
na lata: "Quem pediu
sua opinião?".

Talvez pela criação que recebi ou porque as dificuldades da minha família fossem outras, nunca achei que os dígitos da balança determinassem o valor de alguém. Para mim, o que conta é uma junção de características. E, graças a isso, quando me tornei modelo plus size, naturalmente comecei a divulgar a ideia de que existe muita beleza ao nosso redor. Sempre que me perguntam quem é meu ideal de beleza, respondo: minhas amigas, as mulheres que estão próximas a mim, com quem convivo diariamente, troco experiências de vida, compartilho a beleza e a dureza do que é ser mulher. É óbvio que essa clareza de ideias só veio com o tempo e com a experiência de vida. Uma vida, aliás, cheia de percalços.

VINTE E QUATRO HORAS DE VIAGEM

Se você me perguntar de onde venho, direi que sou da Amazônia, uma das regiões mais remotas do país, onde as poucas correspondências que não se perdem no caminho demoram uma eternidade para chegar. Sou de Boa Vista, uma cidade com menos de 350 mil habitantes, capital do estado de Roraima, a poucos quilômetros da Venezuela. Foi lá que cresci, é lá que estão minhas raízes, minha família e meus amigos de infância.

Mas não foi lá que nasci, e sim no Rio de Janeiro. Cheguei a Boa Vista com pouco mais de dois anos, levada por um avião da Força Aérea Brasileira (FAB), na companhia da minha irmã mais velha, Marcela, e da minha mãe, Matilde, que tinha acabado de se separar do meu pai.

Um dos meus tios morava e trabalhava em Boa Vista, que na época era apenas uma cidade bem pequena, mas já abrigava uma base militar, por isso recebia bastante gente de fora. Havia muita oferta de emprego para professores, então minha mãe também decidiu mudar para a cidade, contra a vontade da minha avó.

Como sequer havia como chegar de ônibus, meu avô, que era da FAB, arrumou uma carona para nós em um avião que transportava paraquedistas.

Minha mãe conta que levamos 24 horas para ir do Rio de Janeiro a Boa Vista, porque era preciso parar em várias cidades durante o caminho. Hoje, tantos anos depois, continua difícil chegar lá. Quem parte de São Paulo, por exemplo, gasta, no mínimo, oito horas no trajeto. Já eu, que moro em Nova York, preciso separar pelo menos um dia inteiro para a viagem.

Em Roraima, refizemos nossa vida. Ainda me admiro com o bom humor e a garra da minha mãe na época. Mesmo com as crianças para criar, ela prestou vestibular e cursou a faculdade de educação física. Estudava, trabalhava como professora e ainda ajudava a vizinhança. Minha mãe sempre foi do tipo que coloca mais água no feijão e chama o pessoal para dividir o pouco que tem na mesa. Seu espírito guerreiro, sua independência e sua coragem de recomeçar do zero sem dúvida me marcaram.

Passei a infância em meio à natureza. Eu voltava da escola, trocava de roupa e corria para o rio Branco, que ficava pertinho de casa. Nunca fui do tipo que vive penteada e maquiada. Mesmo hoje, só me arrumo para trabalhar. No dia a dia, gosto de ficar confortável. Quando era menina, então... vivia descabelada, descalça, subindo em árvore para apanhar frutas, brincando na floresta ou jogando basquete na praça da cidade.

Minha mãe sempre me passou uma ideia positiva sobre a vida, que não relacionava a aparência àquilo que eu era capaz de fazer, ser e vivenciar. Gostava de compartilhar com minha mãe todas as aventuras que eu vivia através dos livros que ela me incentivava muito a ler, e ela aproveitava para me encorajar a correr atrás dos meus sonhos, independentemente de quais fossem.

Ao mesmo tempo, morávamos em uma cidade distante das facilidades da vida moderna. O dinheiro era contado, e vivíamos um dia de cada vez. Não havia espaço para nos preocuparmos com aparência ou consumo. Lembro que meu sonho era ganhar uma assinatura da revista *Capricho*, algo muito além do nosso poder aquisitivo na época.

Mas fui criada por uma sonhadora. Minha mãe me contagiou com seu otimismo e sua disposição para conquistar o mundo apesar da realidade desafiadora. Assim, eu sonhava e também ralava. Sabia que não podia ficar de braços cruzados esperando que algo caísse do céu. Meu primeiro e único emprego no Brasil foi num shopping em Natal, para onde nos mudamos quando eu tinha dezesseis anos. Estudava em boas escolas, porque minha mãe era professora e eu tinha bolsa, mas morava num bairro distante e extremamente pobre. Tomava um ônibus bem cedo e fazia a rota de mais de uma hora todos os dias. Era exaustivo.

Lembro do quanto me esforçava, sentindo o peso da obrigação ao ver os sacrifícios da minha mãe para nos sustentar sozinha. E sabia que, se continuasse naquele universo, não teria muita chance de progredir. Ali havia poucas oportunidades de crescimento, e eu sentia que podia trilhar outro caminho e contribuir para que minha família tivesse uma vida melhor.

Então contei à minha mãe que queria ser tradutora da ONU. Dona Matilde tomou um susto: "Menina, onde viu isso? De onde tirou essa ideia?". Tivemos uma conversa e disse a ela que sonhava com aquilo fazia tempos. Queria muito estudar fora, aprender outra língua, viver outra realidade.

Minha mãe tinha uma irmã que morava em Nova York, e sugeri que poderia ir visitá-la e aproveitar para "estudar inglês". O que parecia inatingível logo ficou mais perto da realidade quando descobri que minha mãe estava guardando dinheiro para uma festa para mim. Nada tinha menos a minha cara do que aquele tipo de comemoração, e logo a convenci a investir na viagem. Infelizmente, quase em seguida, minha mãe perdeu o emprego em uma onda de demissões nas escolas da cidade. Com isso, as coisas ficaram bem mais difíceis.

Grande encorajadora dos meus sonhos que era, minha mãe disse que ia usar o dinheiro da rescisão para comprar minha passagem. Muito tempo depois, descobri a verdade: o que ela recebeu ao perder o emprego foi rapidamente consumido pelas contas da casa, de modo que se endividou para pagar a passagem e toda a minha documentação.

Na época, quando pedimos o visto, minha mãe não tinha emprego nem um centavo sequer no banco. Através de uma agência de viagens, enviamos meu passaporte para o consulado americano no Recife. Um ato sem dúvida totalmente fora da realidade de qualquer um na situação que vivíamos então. Mas assim era minha mãe, uma sonhadora que não via obstáculos, mesmo diante do paredão de concreto que estava à nossa frente. Aquilo era loucura: JAMAIS me dariam o visto. Mesmo assim, algo dentro de mim me dizia que receberia uma resposta positiva. Um dia cheguei da escola e minha mãe segurava o pacote da agência de viagens com meu passaporte dentro dele, mas brincou dizendo que não havia sido daquela vez. Por um segundo meu coração afundou em tristeza, como se meu mundo tivesse ruído. Ela logo soltou uma gargalhada dizendo que estava apenas fazendo chacota comigo. Gargalhamos, sabendo que minha vida estava prestes a mudar.

Quando penso nessa época, vejo que sempre tive confiança no trabalho duro e na possibilidade de mudar de vida — mesmo sem ter um caminho certo traçado. Até hoje isso me ajuda a tomar decisões de negócios. Apesar da loucura que era ir para Nova York, apesar de muitos me questionarem, não me deixei abalar.

Lembro que, quando minha família foi me levar ao aeroporto, aos prantos, eu estava com um sorriso de orelha a orelha! As transições e mudanças de cidade que havíamos encarado até então, do Rio para Boa Vista e depois para Natal, haviam me preparado para aquilo. Tantos pulos de galho em galho foram um ótimo treino. Com o encorajamento e o apoio infinitos da minha mãe, e sabendo que contaria com a ajuda da minha tia nos Estados Unidos, estava pronta para iniciar uma incrível jornada.

Com apenas trezentos dólares no bolso e sem falar quase nenhuma palavra em inglês, embarquei para Nova

Embora ser gorda nunca tenha sido um problema pra mim, conheço diariamente mulheres que sofrem a vida inteira por essa questão.

York. A ideia era passar três meses e depois voltar pra casa. Mas eu sabia que não voltaria.

Eu estava ansiosa e entusiasmada. Minha empolgação com o desconhecido superava qualquer dúvida ou medo. Entrei naquele avião com a única certeza de que não queria voltar. Queria aprender, conhecer, explorar e viver como nunca antes.

UMA NOVA TERRA

Assim que cheguei, minha tia Sueli me recebeu em sua casa e me ajudou a fazer matrícula em um curso de inglês. Lembro que tinha medo de andar sozinha na rua, porque não conhecia nada e não falava a língua, mas minha tia foi logo me ajudando a me virar. "Se você estiver no trem e todo mundo sair, saia também", ela disse. Então anotou em um papel o telefone da casa onde trabalhava e me deu uma moeda de 25 centavos para eu ligar em caso de emergência. E foi assim que me joguei naquela nova vida.

Todos os dias, eu comprava os jornais com ofertas de emprego e aproveitava para treinar o inglês. Comecei com o desafio de compreender pelo menos algumas palavras por dia; em seguida, passei a ler frases, parágrafos, e assim por diante. O clima era diferente do atual nos Estados Unidos. Estamos falando de uma época anterior aos atentados do Onze de Setembro. Não havia um grande medo dos estrangeiros. Nova York estava lotada de imigrantes ilegais e conseguíamos emprego facilmente, mesmo falando o inglês "Mim Jane, você Tarzan", como eu. Assim, logo arranjei alguns bicos. Não havia um que eu não topasse, chegando a acumular cinco trabalhos em um dia.

Imagino como foi para minha tia de repente ter uma adolescente em casa... Pouco tempo depois, fui morar em uma quitinete alugada com uma amiga que conheci no curso de inglês. A princípio minha tia ficou muito preocupada, mas no fim tudo deu certo.

Aos poucos consegui guardar uma grana razoável. Às vezes virava a noite limpando escritórios. Também limpei muito chão de restaurante. Banheiro, então, nem se fala! Em cada trabalho, aprendia uma coisa diferente.

Com o tempo, comecei a mandar dinheiro para a minha família. Foi uma enorme conquista, poder finalmente ajudar minha mãe no Brasil. Era uma maneira de agradecer por todo o apoio que me deu e os sacrifícios que fez. Mas também reforçava cada vez mais aquela ambição escondida dentro de mim. Eu sempre fui obstinada na minha busca por independência, por trilhar meu próprio caminho. Mal sabia eu aonde tamanha disposição para trabalhar me levaria. Aos poucos, meu inglês melhorou e pude fazer trabalhos que pagavam mais.

Finalmente consegui estabilidade quando fui contratada como babá de duas meninas cuja mãe tinha morrido fazia pouco tempo. Ainda durante a segunda gravidez, ela soube que sofria de um câncer agressivo. Tinha duas alternativas: abortar e iniciar um tratamento ou seguir com a gestação. Ela acabou escolhendo a segunda opção, de modo que, aos dezesseis anos, eu me tornei responsável por uma bebê e uma menina com pouco mais de três anos.

Nossa rotina era insana. O pai delas trabalhava muito, quase sempre chegava em casa quando já estavam dormindo, então era eu quem tomava conta de tudo. Tirava alguns fins de semana de folga e podia estudar à noite. Hoje vejo que era uma criança cuidando de outras duas. Mas eu era dedicada, e meu patrão me apoiava para que eu continuasse meus estudos.

UM CONVITE INESPERADO

Mais ou menos seis anos depois de chegar a Nova York, em meio à maluquice dos bicos e da vida de babá e faxineira, você pode imaginar minha surpresa quando me abordaram em um ônibus a caminho do trabalho com uma oferta que mudaria minha vida. Àquela altura, eu tinha uma filha de três anos e estava casada, mas havia uma sede de conhecer o mundo adormecida dentro de mim.

O trânsito estava parado e eu tinha acabado de embarcar no ponto da avenida Lexington com a rua 57. Como sempre, estava de calça jeans, tênis, camiseta branca e ouvia rock com um fone de ouvido. O ônibus estava lotado, mas notei uma mulher estressada que, vira e mexe, falava com o motorista. Percebi que de vez em quando ela olhava para mim como quem queria fazer contato, mas não dei brecha. Então ela tocou meu ombro. Sem a menor paciência, tirei os fones do ouvido e disse: "Oi?", como quem diz irritadamente "O que é?". Apesar da minha falta de educação, ela seguiu a conversa, e logo perguntou o número de manequim que eu usava.

Fiquei atônita. Por que uma pessoa perguntaria aquilo a uma desconhecida dentro de um ônibus? Ela logo se explicou, dizendo que era editora de uma revista de moda plus size. "Não sei se já te disseram isso, mas seu rosto, seu cabelo, seu corpo... Você tem tudo para ser uma excelente modelo. Pense a respeito." Então ela me entregou um cartão. Peguei e só tive tempo de responder "Tá" antes que ela saltasse do ônibus.

A verdade é que inicialmente nem dei bola, achei que era bobagem. Aquela abordagem tinha sido muito bizarra. Quando contei para o Lee, o australiano com quem era casada, o que tinha acontecido, ele adorou a ideia. Já fazia um tempo que queria que eu deixasse o serviço doméstico, voltasse a estudar e escolhesse uma carreira. Acabei seguindo seu conselho e decidi ir até um casting. Para minha surpresa, logo fui chamada para fazer campanhas.

Aos poucos, minha vida foi ficando cada vez mais estável e fui conquistando espaço no universo da moda plus size. E daí para minha vida virar uma correria de viagens ao redor do mundo foi um piscar de olhos.

OUTRO TIPO DE TRADUÇÃO

Hoje dou risada daquele sonho que tinha aos dezesseis, de me tornar tradutora da ONU. Mas o destino me apresentou outra maneira de pôr em prática minha vontade de fazer a diferença neste mundo. Graças ao meu trabalho como modelo plus size, transito por vários países, como tanto queria na adolescência, e entro em contato com mulheres de diferentes culturas. Com elas discuto a importância de alimentar o amor-próprio e de aceitar nossos corpos da maneira como são. Embora ser gorda nunca tenha sido um problema para mim, conheço diariamente mulheres que sofrem a vida inteira por essa questão. Sei que acabei me tornando um exemplo para elas, embora eu ainda não saiba sempre como lidar e siga acreditando que a minha mentalidade deveria ser o normal.

O caminho é longo, e ainda há muito o que fazer até chegarmos ao dia em que os dígitos na balança ou o tamanho do manequim não vão comandar a felicidade e a autoestima de uma mulher. Enquanto isso, sinto que é meu dever e responsabilidade divulgar essa causa — ainda que não seja literalmente meu trabalho.

2. O que você faria se não precisasse se preocupar com seu peso?

Convido você a fazer um exercício. Imagine que, todos os dias, você acorda, abre o armário, escolhe a roupa e se veste, com a maior tranquilidade. Então se olha no espelho e se sente bonita, à vontade em seu próprio corpo, em paz com sua imagem. Seu peso não é um problema. E por que deveria ser? Não há metas de emagrecimento a atingir. Você é livre para ser você mesma.

A verdade é que, para a esmagadora maioria das mulheres, isso tudo parece impossível. Sei disso porque, toda vez que digo com confiança que nada em meu corpo me incomoda, muitas se chocam ou duvidam que seja verdade.

Gordas ou magras, loiras ou morenas, brancas ou negras, altas ou baixas, praticamente todas as mulheres se sentem infelizes com o próprio corpo. Nunca estão 100% contentes com o que veem no espelho. Buscam um ideal de beleza muito distante da realidade. Mesmo que elejam como exemplos modelos ou atrizes com um biotipo semelhante ao seu, o corpo que almejam é uma utopia. Afi-

Toda vez que digo com confiança que nada em meu corpo me incomoda, muitas se chocam ou duvidam que seja verdade.

nal, o que vemos nas telas, nos outdoors ou nas páginas de revista é uma imagem manipulada.

E quem ganha com isso? Sempre acreditei na importância de falar sobre autoaceitação, revertendo um processo autodestrutivo do qual tantas de nós se tornaram reféns. Grande parte dessa dificuldade em nos aceitarmos vem de um ciclo que envolve o bombardeio de imagens "perfeitas", que por sua vez serve aos interesses da indústria cosmética, que diz que somos imperfeitas para então lucrar vendendo a solução. Sempre enxerguei isso como uma roda-gigante, que utiliza como combustível a insegurança feminina, constantemente estimulada e perpetuada.

Claro que o desafio é enorme. Por gerações, aprendemos a seguir condicionamentos machistas sobre como viver e que aparência ter. Esses conceitos são repassados de mãe para filha como algo normal e desejável. O resultado é que muitas mulheres com quem converso têm dificuldade em lidar com essas crenças tão enraizadas. Mesmo quem *sabe* que peso não é indicativo de beleza, saúde ou caráter ainda tem dificuldade em superar os valores associados às palavras "gorda" e "magra".

Como se não bastasse, no universo das revistas, das redes sociais e das fotos "perfeitas" reside uma grande armadilha: usar o outro como parâmetro. Não preciso nem dizer o quanto isso é uma boa receita... para a infelicidade! Afinal, não há duas pessoas iguais no mundo. Nem mesmo gêmeos são 100% idênticos. Como diz o ditado, a grama do vizinho é sempre mais verde. Mas quem garante que não é feita de plástico? Quem disse que as mulheres

Mesmo quem sabe
que peso não é indicativo de
beleza, saúde ou caráter
ainda tem dificuldade em
superar os valores
associados às palavras
"gorda" e "magra".

das capas de revista são felizes, que se sentem bem com a própria aparência, que realizam todos os seus sonhos, que conquistam as pessoas pelas quais se apaixonam, que amam a carreira e são plenas?

Vou confessar um segredo (nada secreto!): a autopunição por não alcançar esse ideal é cruel. Além de causar sofrimento, toma uma energia tremenda. E essa energia poderia ser usada em uma aula de ioga, decorando a casa, passeando, estudando... Sempre analisei as coisas dessa forma. Vale a pena? Estou respeitando quem sou, o que quero e o que me faz feliz? Ou só estou sendo o que costumo chamar de "parte do bando das ovelhas, só seguindo, sem questionar nada"?

Além disso, como é possível que algo como meu peso revele meus sonhos e tudo aquilo que almejo para minha vida? Como ele poderia definir meu caráter ou minha capacidade profissional? Como revelaria minha capacidade de amar? De ser uma boa mãe, amiga, filha ou parceira?

A realidade é que as pessoas estão acostumadas a se diminuir. Ao longo dos anos, vi amigas que se torturavam quando se tratava de aparência. Para elas, aquilo era algo normal.

Eu me entristecia não só ao ver a constante condenação por tudo o que não eram, mas também por todo o dinheiro investido naquela busca desenfreada. Parecia um universo paralelo, de modo que eu questionava se a anormal era eu.

É tão difícil admirar a beleza de cada um? É tão complicado entender que há coisas magníficas em cada mínima parte que constitui a individualidade?

Como é possível que
algo como meu peso
revele meus sonhos
e tudo aquilo que
almejo para minha
vida?

Grave isso em sua mente, por favor. Sua vida não se resume à aparência. Foque seu olhar e seus esforços nos seus objetivos e nos valores que realmente representam você. Que marca quer deixar no mundo? O que já conquistou e luta para conquistar? Somos muito mais impressionantes e capazes do que nos permitimos ver!

ADEUS, BALANÇA

Não me peso há anos. Simples assim. Os números não me serviam de nada, já que nunca senti que minha beleza fosse questionável e minha saúde nunca foi comprometida. Mas toda vez que digo isso causo comoção. Foi assim, por exemplo, no *Esquenta!*, programa que era comandado pela Regina Casé na Globo. Tanto a plateia quanto os convidados ficaram surpresos com minha declaração. A verdade é que o peso incomoda quase todo mundo, até mesmo as pessoas que são consideradas modelos de beleza.

No Brasil, eu não tinha o hábito de fazer check-up. Quando comecei a ir ao médico que me acompanha há tempos em Nova York, tive uma longa conversa sobre pisar na balança. Afinal, parecia que não importava o mal de saúde — fosse uma gripe! — as recomendações sempre giravam em torno do meu peso. A forma como aquilo era tratado me irritava, portanto argumentei que para os exames anuais, quando não estivesse doente, não queria me pesar. Chegamos a um acordo: só voltaríamos a discutir peso se os resultados indicassem algum problema.

Não me peso
há anos.
Simples assim.

Enquanto eles continuassem normais e eu não sentisse nenhum sintoma, não falaríamos no assunto. Ele resistiu um pouco no início, mas acabou aceitando a minha proposta.

O CORPO E A CARREIRA

Trabalho numa área extremamente focada no físico. Ao longo da minha carreira como modelo plus size, venho colecionando relatos tristíssimos de mulheres maravilhosas, que tinham tudo para estar muito bem com elas mesmas, mas se afundam em um mar de frustrações, depressão e angústia só porque não vestem jeans 38 ou não têm sessenta centímetros de cintura.

Noto que essa dificuldade em se aceitar é em parte alimentada por discursos preconceituosos disfarçados de preocupação com o outro, como vemos aos montes pela internet. Não tenho nada contra cada um cuidar da sua saúde, óbvio. Mas isso deve ser feito de forma equilibrada, respeitando o próprio corpo e a própria identidade. Porém, o que se dissemina pela internet é, no fundo, ódio, numa tentativa de destruir a autoestima alheia por diferenças pessoais, sejam de raça, tamanho de manequim ou orientação sexual. O radicalismo está por toda parte, sempre escondido por trás de "boas intenções", e segue impune.

Nesse novo universo encolhido pelas redes sociais, onde as pessoas se expõem em busca de aceitação, precisamos combater o preconceito, defendendo quem somos ou queremos ser.

Sou gorda e não desrespeito ninguém. Por que preciso explicar que minha saúde está bem? Por que preciso justificar coisas que nenhuma modelo magra precisa? Ninguém pergunta a elas sobre consumo de drogas para emagrecimento. Quantas vezes trabalhei com mulheres que desmaiavam de fome? Que usavam remédios loucos para manter o apetite sufocado? Que sequer tomavam água para evitar o inchaço?

Embora depois de mais de uma década de carreira eu tenha lidado muito menos com isso, sigo ouvindo as mesmas perguntas em entrevistas: como comecei, como me alimento, e poucas sobre o meu trabalho, as campanhas. Hoje digo que não quero mais: pedi ao meu assessor que as perguntas venham por e-mail para que eu possa deixar de responder aquelas que revelem preconceito ou mesmo uma falta de contato com o universo no qual eu e tantas outras mulheres vivemos.

E também há aqueles casos em que tentam nos constranger. Certa vez, em um programa de auditório a que fui chamada para dar entrevista, um dos outros convidados teve o atrevimento de me perguntar algo como: "É verdade que no mundo GG tudo é GG?". A intenção era claramente fazer piada comigo, mas eu não me intimidei e respondi: "Não sei. Mas é verdade que no mundo PP tudo é PP?".

Minha aceitação pessoal é algo incompreensível e chocante para muitos. Como alguém pode se aceitar gorda? Como pode viver bem assim? Como pode se sentir bonita? Fomos adestrados a acreditar que ser gorda é o fundo do poço. Mas ninguém compreende que não estou

Sou gorda e
não desrespeito
ninguém. Por que
preciso explicar
que minha saúde
está bem?

submetida a esse tipo de controle em massa. Sempre digo nas entrevistas que vivo numa boa comigo mesma. Nunca vivi uma guerra com meu corpo. Nunca procurei me encaixar em moldes impostos por outros. Nunca foquei nessas imposições.

Se tem algo que gostaria de conseguir transmitir para mulheres do mundo inteiro é como meu relacionamento com meu corpo é simples. Nunca consegui enxergar nada de errado nele. Por mais que as pessoas insistissem em me fazer acreditar que eu não poderia ser feliz comigo mesma, que eu deveria devotar minhas energias, meu dinheiro e meu emocional a essa loucura desenfreada da busca de ser magra, jamais consegui aderir.

Meu corpo foi fonte de infindável energia quando eu me dedicava a trabalhos físicos a semana inteira. Foi ele quem deu à luz os meus dois lindos filhos. Não fico doente com a mesma frequência que outras pessoas. Tenho saúde e disposição. O que mais posso pedir dessa máquina que me permite fazer bem meu trabalho?

QUANTO VOCÊ PESA?

Uma vez, eu estava hospedada em um hotel em São Paulo e reservei uma sala para atender a um jornal de grande circulação. A conversa estava indo bem até que a entrevistadora perguntou quanto eu pesava. Como sempre, respondi que não tinha ideia e contei que fazia anos que não subia em uma balança. Ela ficou em choque. Não conseguia aceitar aquilo. “Isso não incomoda você? Não quer saber quanto pesa? Não faz nenhum tipo de controle?", perguntava, inconformada. À medida que a mulher falava, fui vendo que todos os monstros que guardara a vida inteira foram saindo. Ela sofria. E muito. O jogo se inverteu. Fechei a porta e começamos a conversar sobre os problemas dela, deixando a entrevista de lado. Fiquei só ouvindo por um tempo.

A jornalista me contou que, desde pequena, vivia à base de alface e comidas light. Já tinha feito todo tipo de dieta e tomado dezenas de remédios para emagrecer. "Isso mexe muito com o humor. Minha vida foi se desfazendo. Eu me afastei de pessoas de quem gostava muito. Tudo por causa dessas tentativas de emagrecer que nunca deram certo", ela disse, chorando muito. E era uma pessoa bonita, jovem, do tipo de gente que ninguém imaginaria que sofria por causa de peso ou de autoimagem. Ela nem ao menos era gorda!

Depois do desabafo, passamos um tempão conversando e trocando ideias sobre autoaceitação e como fugir dos padrões de beleza. Aos poucos ela se acalmou e disse que gostaria de ter me conhecido antes, quando menina, porque talvez não tivesse sofrido tanto. A entrevista de verdade acabou não acontecendo. Até tentei falar com ela depois, queria saber se estava bem, mas acho que deve ter ficado com vergonha. Só me enviou um lindo buquê de flores no dia seguinte, o que foi muito gentil, e sumiu.

Vira e mexe, penso nela e torço para que esteja bem. Foi um momento muito importante. Ali, tive uma noção mais clara sobre a necessidade de abordar o assunto, percebi que não desistiria nunca de lutar por uma mudança.

Já que tinha os holofotes voltados para mim, precisava usá-los para falar disso.

OUTRO JEITO DE SE OLHAR NO ESPELHO

Minha experiência de vida é diferente daquela da maioria das mulheres gordas com quem converso. Nunca fui magra e a partir da puberdade tive uma silhueta bem curvilínea, com muita bunda e coxas. Em Roraima, sempre tinha alguém sem noção dando aquele tipo de "conselho": "Menina, você é tão bonita... Por que não emagrece um pouco?". Mas aquilo não me afetava. Eu no máximo achava que a pessoa não tinha mais o que fazer. Na época, minhas preocupações eram curtir a natureza, os amigos e estudar.

Quando cheguei aos Estados Unidos, também ouvi coisas do tipo, principalmente depois que comecei a trabalhar em casas de família. Sempre tinha uma avó ou tia das crianças de quem eu cuidava que fazia alguma recomendação relacionada ao meu peso. E eu continuava sem nem parar para pensar a respeito. Só mais tarde, depois que me tornei modelo, de tanto as pessoas me perguntarem de onde tiro minha (farta) autoestima, comecei a refletir sobre o assunto.

Hoje penso que o modo como minha mãe nos criou contribuiu muito para isso. Ela era uma bailarina magra e elegante, mas nunca cobrou que eu ou minha irmã seguíssemos seus passos. É verdade que, vez ou outra, implicava com meu jeito moleca de ser, mas nunca houve pressão por vaidade ou estética.

Além disso, já muito jovem tive outras preocupações. Tive que amadurecer logo, me virando sozinha desde muito nova em um país desconhecido. Mesmo exercendo trabalhos pouco valorizados, ganhei dinheiro suficiente para me manter nos Estados Unidos e ainda ajudar minha família no Brasil. Isso era um grande motivo de orgulho para mim, e um baita estímulo para manter o otimismo e a autoconfiança. Eu simplesmente não tinha tempo para pensar em aparência. Tanto que tomei um susto enorme quando fui abordada no ônibus por alguém que me sugeriu trabalhar com moda. Roupa? Beleza? Eu? Só podia ser brincadeira...

Minha trajetória não foi interrompida pela maternidade. Ou seja, comecei a carreira de modelo quando já tinha um bebê e continuei depois da segunda gravidez. Minha vida e meu corpo mudaram, claro. Eu tinha que encarar câmeras depois de noites sem dormir, com os hormônios à toda... turbilhões pelos quais tantas passam, e eu também passei.

Por isso não me conformo quando mulheres que fazem as famosas múltiplas jornadas — cuidam da casa, dos filhos e trabalham fora — se desvalorizam por causa da aparência ou do peso. Conheço casos, inclusive, de pessoas que trabalham pior quando não estão de bem com o que veem no espelho. Como assim? Você comanda uma casa, trabalha fora — e muitas vezes é uma profissional exemplar — e não está feliz porque não é magra? Gostaria que todas percebessem que essas cobranças também são autoimpostas. O que realmente importa em sua vida? O número do seu manequim, o peso indicado na balança? Nada

Beleza é algo que
vai muito além da
aparência física.
É reflexo do respeito
e do amor que se
tem por si própria,
da valorização do
que realizamos.

disso determina quem você é. Beleza é algo que vai muito além da aparência física. É reflexo do respeito e do amor que se tem por si própria, da valorização do que realizamos. Se você ainda precisa de exemplos, olhe ao seu redor. Quem são as mulheres reais que você admira de verdade? Elas estão bem aí.

3. Gorda não é palavrão

Aceitar ser quem somos é o primeiro passo para ficar bem consigo. É a atitude inicial para se empoderar e cultivar o amor-próprio. Parte do processo de aceitação é se apropriar das palavras, da forma como nos vemos. Então é isso que encorajo todo mundo a fazer: dizer com todas as letras que é gorda. Não é preciso ter vergonha.

Gorda não é palavrão. É só um adjetivo. Assim como ser alta, morena, loira ou magra. E chega de eufemismos! Ser gorda não é ser "cheinha", "fortinha", não é "estar acima do peso". Ser gorda é ser gorda e pronto. Digo isso de boca cheia. Sem preconceito, sem meias palavras, sem duplos sentidos, sem medo de ser quem eu sou.

É verdade que, para a sociedade hipócrita em que vivemos, esse adjetivo vem carregado de sentido. Ser gordo não tem nada a ver com capacidade intelectual, mas quantas pessoas não perdem oportunidades de trabalho ou deixam de receber promoções importantes só porque não têm a imagem que os outros esperam delas? Quando se é

Gorda não é palavrão.
É só um adjetivo.
Assim como ser alta,
morena, loira
ou magra.

gordo, é como se todas as nossas outras qualidades fossem automaticamente diminuídas. Fomos educados a acreditar que nosso valor como ser humano diminui ou aumenta de acordo com a aparência física. Isso é loucura! É como se qualquer atributo nosso viesse acompanhado de uma condição que reduz seu valor. "Ela é tão inteligente, MAS é gorda!" "Ela é tão boa mãe, MAS é gorda!" "Ela é tão bonita, MAS é gorda!" A lista não tem fim. Mas, ainda que esteja na cabeça dos outros, essa loucura toda não pode estar na sua.

Infelizmente, precisaríamos de muito tempo para mudar a forma como a sociedade olha para o gordo. Mas é absolutamente possível olhar de outra maneira para si mesmo. Pare um instante e pense em uma qualidade sua que você valoriza muito. Por exemplo, digamos que você seja boa com contas. Não tem a menor dificuldade para fazer os cálculos mais complexos e é sempre a pessoa que divide a conta entre os amigos no boteco. Pois bem. Você realmente acredita que, se emagrecer, vai ficar melhor nisso? É óbvio que não. Se você dirige bem, não vai dirigir melhor quando emagrecer. — Se é mãe, não vai criar melhor seus filhos caso perca uns quilos.

Da mesma forma, nenhuma característica perde intensidade porque você não tem o corpo que os outros esperam. Suas qualidades serão suas para sempre, seja gorda ou magra, more em Roraima ou Paris, então trate de valorizá-las. Não as desmereça pelos simples fato de que é gorda. Uma coisa não tem nada a ver com a outra. Seu peso não define quem você é. O que te define é o conjunto das suas características — e, acredite, as estéticas

É absolutamente possível olhar de outra maneira para si mesmo.

são as que menos importam. Se conseguir cultivar essa confiança, mesmo que a gordofobia prossiga, ela não vai atingir você.

O PODER DE UMA PALAVRA

Se você pesquisar "gordo" em um dicionário, verá que diz respeito a pessoas ou coisas que têm muita gordura, medidas avantajadas, peso acima do "normal" (embora não se especifique o que é normal, veja bem...). Não há nenhuma menção às capacidades intelectuais e cognitivas, ao desempenho físico, emocional e sexual, nem à beleza da pessoa gorda.

Então por que continuamos a associar essa característica a outras que nada têm a ver com ela? Porque se trata de uma construção social. Vivemos em um mundo muito maluco, onde toda uma indústria se justifica e faz muito dinheiro girar dizendo a você como seu corpo tem que ser. E o que eles dizem é que seu corpo não pode ser gordo. Que esse é um adjetivo ruim, um xingamento. E sua crença pode dar força ao que eles afirmam.

Quantas mulheres não estão, neste exato momento, perdendo momentos valiosos com essa mentira? Por serem gordas, acreditam que têm menos direito do que outras de usar roupas bonitas e confortáveis. Por serem gordas, acham que têm menos direito de amar, de ocupar cargos importantes, de curtir uma boa pista à noite, de dizer o que pensam, de ser felizes com o que são. É tudo uma grande mentira. Elas — e você — podem estar deixando a vida passar por acreditar nessa mentira. Pare agora. Uma palavra não pode fazer tanto mal assim a alguém. Ou, pelo menos, não deveria fazer.

Tem muita gente que usa o adjetivo "gorda" para nos insultar. Sempre fizeram isso comigo, e continuam fazendo. Mas não engulo, não. Eu brigo mesmo. Certa vez, fiz um longo (e até sincero demais) depoimento nas redes sociais sobre isso. Se quiser me xingar, que use um palavrão de verdade. Prefiro mil vezes ser chamada de gorda a incapaz, preguiçosa, burra. Essas palavras, sim, são ofensas. Até porque não correspondem à verdade. Mas gorda? Sou mesmo. Então qual é o problema?

O mais curioso é que, quando divulguei minha opinião em meus perfis nas redes sociais, recebi uma enxurrada de comentários. Como sempre, havia elogios de seguidores que encontram nas minhas palavras e atitudes mais força para serem quem são. Mas havia também muito ódio e xingamento.

MUITO ALÉM DA COBRANÇA

Somente uma vez as opiniões e os comentários na internet me incomodaram. Foi em 2013, quando sofri um grande baque. Naquele ano, perdi um grande amor em uma tragédia. Eu tinha um relacionamento complicado com alguém depressivo que estava muito doente.

Com todo o estresse, acabei perdendo peso. Não conseguia comer praticamente nada. Em meio a essa turbulência, fui alvejada virtualmente. Seguidores manifestaram

Uma palavra não pode fazer tanto mal assim a alguém. Ou, pelo menos, não deveria fazer.

seu desapontamento porque eu estava mais magra. Achavam que eu tinha me rendido à ditadura da magreza e estava fazendo dieta. Sentiam-se traídos. Como uma modelo plus size podia emagrecer?

Estava grávida de um homem que cometeu suicídio. Em luto e completamente desnorteada, tive que lidar com o fato de que ninguém parou para pensar que algo podia estar acontecendo comigo. E ninguém parou para pensar que o corpo é meu, a vida é minha e faço o que bem entender com ambos.

Felizmente, consegui passar por tudo de cabeça erguida. Tive meu filho, consegui retomar minha carreira e continuo dando de ombros ou respondendo à altura aos haters que insistem em monitorar minha silhueta. Afinal, minha lista de qualidades é bem maior e mais valiosa do que toda e qualquer cobrança estética da mídia ou de qualquer pessoa.

4. O mito do corpo ideal

Às vezes fico pensando que nossa sociedade vê as coisas do avesso. Atribuímos valores errados a certas características e, a partir daí, surge uma infinidade de problemas. Eu poderia fazer uma lista imensa de áreas em que isso acontece. Para o senso comum, magreza é sinônimo de saúde; gordura, de doença. Ninguém tem dó de uma pessoa magra quando passa por ela em um shopping ou em uma academia. Pelo contrário. Em geral, olha-se para essas pessoas até com admiração, como alguém que trabalha para manter uma silhueta esguia, considerada bonita e saudável. Por outro lado, quando se vê um gordo nos mesmos lugares, os sentimentos costumam ser bem diferentes: as pessoas sentem pena, rejeição e até raiva (vai entender...).

A verdade é que ninguém sabe o que se passa na intimidade das outras pessoas. O tamanho do manequim não é sinônimo de conquista pessoal, determinação e muito menos saúde. Quem vê corpo não vê coração ou problemas psicológicos pelos quais passamos. O corpo ideal é um grande mito.

IDEAL PARA QUEM?

Gordura não é sinônimo de doença, assim como magreza não tem nada a ver com saúde. Existe uma individualidade de casos que nunca é considerada. E vale refletir: se a preocupação verdadeira de quem julga o peso fosse a saúde, as exigências, as críticas e o bullying não seriam apenas direcionados aos gordos. Portanto, antes de pensar em você como alguém muito gorda, muito magra, muito isso, muito aquilo, pense em seu bem-estar.

Qual é o real problema com sua aparência? Será mesmo que algo precisa ser mudado? O que é o corpo ideal para VOCÊ? O que quer do seu corpo e o que ele precisa ter para agradar você e atender às suas necessidades?

Se a maioria das pessoas lidasse com o corpo com o objetivo do bem-estar pessoal, comendo comidas feitas em casa no lugar das industrializadas, tenho certeza de que a incidência de boa parte das doenças associadas à alimentação e ao peso cairia drasticamente. Mas infelizmente não é o que acontece. Tudo colabora para o inverso.

SEU CORPO NÃO É MODA

Ao longo do tempo, aquilo que é considerado bonito ou feio, elegante ou desajustado, muda. A moda também muda, assim como as tendências na literatura, no cinema, na gastronomia e por aí vai... Isso porque a sociedade muda, o comportamento muda, os parâmetros mudam, e tudo bem. Só que, quando o assunto é corpo, a história é outra. Não dá para ficar trocando de físico toda hora, certo? Eu nasci com quadris largos. Gosto muito deles e os valorizo. No entanto, se fosse dar ouvidos aos modismos, ou estaria me afogando em lágrimas no quarto escuro ou precisaria me submeter a dietas malucas e cirurgias agressivas. Seria o único jeito de mudar tão radicalmente minha natureza. E quem garante que, ao final de tudo, eu estaria satisfeita?

Certa vez li uma declaração de uma modelo plus size brasileira falando sobre os inúmeros procedimentos a que havia se submetido e o quanto detestava seu corpo quando engordava. Ela havia feito lipo nas costas, implante nos seios e muito mais. Como você pode faturar em um mercado voltado para mulheres gordas e declarar que odeia ser gorda? Sim, o direito sobre o próprio corpo é irrevogável, mas aquela mulher não estava pronta para assumir um papel de destaque no mercado plus size.

A popularização de cirurgias e procedimentos estéticos é mais um sintoma da imposição do mito do corpo ideal. Ficamos acostumados com uma aberração: o normal é estar insatisfeito e infeliz. Não desperta surpresa quando alguém vem a público dizer que fez esta ou aquela cirurgia e gastou milhares de reais porque não gostava do próprio nariz, do tamanho da bunda, dos peitos ou da barriga. O que chama atenção é quando alguém como eu assume o corpo como ele é, ainda que muito diferente do

Ficamos acostumados
com uma aberração:
o normal é estar
insatisfeito e infeliz.

que dita o ideal de beleza. Isso não faz o menor sentido para mim.

MULHER NÃO É FLOR

O mais triste é que, por trás da insatisfação com o próprio corpo, muitas vezes está uma ideia distorcida do papel da mulher na sociedade. Parece que temos a obrigação de ser bonitas, que vivemos para agradar os olhos dos outros, sejam homens ou mulheres. É aquela história: homens grisalhos e com rugas são charmosos; quando isso acontece com mulheres elas são desleixadas, velhas, nada atraentes. No ambiente de trabalho, ninguém se incomoda se o homem tem uma barriga saliente, se não é bonito, se não acompanha a última tendência da moda. Já as mulheres que não cuidam da aparência muitas vezes são ignoradas no trabalho e perdem oportunidades de promoção. E ai daquelas que estão lidando com as mudanças trazidas pela maternidade...

Perpetuar a valorização da magreza como sinal de saúde e beleza, tratar como normal o fato de que ninguém é completamente feliz com o próprio corpo e aplaudir grandes esforços de dietas ou submissão a procedimentos cirúrgicos em busca do que se considera a silhueta ideal são erros gigantescos. Eles reforçam ainda mais o machismo tão arraigado em nossa sociedade e dão força à ideia de que a mulher é como uma flor, estando ali para ser admirada até que comece a murchar, quando é prontamente descartada e substituída por uma nova.

Parece que temos a obrigação de ser bonitas, que vivemos para agradar os olhos dos outros.

Mesmo sem plena consciência disso, muitas mulheres acreditam que, se não conquistarem o que imaginam ser o corpo perfeito, nunca serão atraentes. É como se, por serem gordas, terem peito caído ou muito pequeno, quadris largos demais, e assim por diante, não tivessem o direito de amar. E pior: como se atrair os homens fosse a principal função de seu corpo. Uma mulher só é considerada bem-sucedida se também for bonita e magra.

Já vi muita gente que, por acreditar nisso, paralisa a vida esperando o momento ideal, quando finalmente estará com o peso perfeito para realizar todos os seus sonhos e batalhar pelo que deseja. Essas mulheres embarcam em dietas e tratamentos malucos e, enquanto não alcançam o objetivo desejado, não fazem mais nada. Não vão a festas porque não podem comer isso ou aquilo e não vão ficar bem na roupa. Não vão atrás do cara de quem estão a fim achando que ele não vai corresponder ao sentimento de "uma gorda" ou vai ter vergonha de sair com ela. Escondem-se, aguardando a hora ideal para viver a vida sem se dar conta de que as coisas já estão rolando e que a perfeição nunca será alcançada.

Essa é uma prisão da qual temos que nos libertar sozinhas. Ou, pelo menos, um processo que precisamos iniciar. A sociedade não pode fazer nada por nós, infelizmente. Autoaceitação não é sinônimo de conviver com um corpo que não nos agrada, que não nos faz sentir bem. Mas, se em algum momento da vida você quiser fazer uma mudança no seu corpo, que seja para satisfazer a si mesma, não aos outros. É preciso ter claro o que realmente queremos do nosso corpo, o que é um corpo ideal para nós, e não para os outros. Se o seu objetivo é ser uma boa profissional, o

Como pode uma
mulher só
ser considerada
bem-sucedida se
também for bonita
e magra?

caminho para chegar até ele está, talvez, em uma conversa franca com os líderes da empresa e coisas do tipo. Não tem nada a ver com a sua silhueta.

Damos um valor exagerado ao corpo ideal. Condicionamos a ele o acesso a coisas que simplesmente não estão relacionadas. Assim, nos afastamos cada vez mais dos nossos objetivos de vida, do bem-estar, da autoaceitação, sem perceber que ser feliz é muito mais fácil e simples quando conseguimos conviver com a pessoa que somos e o corpo que temos, sem grandes mudanças.

5. Feliz no espelho, feliz no amor

De onde vem a atração por outra pessoa? Sempre que o assunto surge e, principalmente, sempre que se mistura com a ideia de que gordura é um empecilho para o amor ou o sexo, penso em uma das minhas melhores amigas, que cresceu comigo em Roraima. Alessandra era aquela menina por quem todos os meninos ficavam loucos. Ela era engraçada, não tinha frescura nenhuma. Se tinha vontade de comer um sanduíche gordo, comia e não estava nem aí. E ela era magra? Nem pensar. Sua beleza vinha de dentro, de uma coisa que sempre emanou, uma alegria, uma energia boa. Dizem que é clichê, mas juro que é verdade: quando você está feliz consigo mesma, bem resolvida, os outros percebem e se encantam com isso. Por outro lado, se uma pessoa linda se sentir insegura e com baixa autoestima, não há roupa, maquiagem ou qualquer outra coisa que mascare o sentimento. Fica evidente que ela não está legal. Atraímos outras pessoas quando temos essa coisa boa que vem de dentro da gente. E isso não tem nada a ver com o número do manequim, a quantidade de estrias, celulites ou dobrinhas que você tem. A Alê sempre foi radiante, com um sorriso de mil megawatts que iluminava o ambiente inteiro. Era isso que os meninos curtiam.

Todo mundo tem dentro de si essa mesma coisa boa. Por isso a beleza vai muito além do padrão, e o que nos atrai em outra pessoa é algo muito particular. Eu, por exemplo, nunca gostei de homens como o Brad Pitt, com rosto perfeito, corpo perfeito, cabelo perfeito. Pessoas confiantes, alegres e engraçadas para mim são muito mais atraentes do que aquelas "com rosto de modelo". Mas isso é meu. Você pode gostar de um perfil diferente. E, em determinados momentos da sua vida, pode se sentir atraída por alguém que foge completamente dessas características.

Mas não sou a melhor pessoa para dar conselhos amorosos. Minha vida sentimental sempre foi uma grande bagunça. Nunca fui o tipo de mulher que tem como objetivo casar, formar uma família, viver junto para sempre. Não que eu julgue quem faz essas escolhas, mas elas nunca estiveram em meu plano de vida. Saí de Roraima porque queria abraçar o mundo. E hoje tenho uma família que foge do padrão "comercial de margarina". Meu ex-marido, Lee, foi e ainda é o grande companheiro da minha vida. É ele quem, até hoje, segura todas as pontas em casa quando viajo a trabalho. É ele quem me dá apoio emocional e me ajuda com meus filhos.

Eu não sou um modelo de sucesso nos relacionamentos, mas tudo o que vivi amorosamente nunca esteve vinculado ao meu corpo. Na hora da sedução ou na cama, isso nunca contou. Nem para o bem nem para o mal. Sou gorda e, se isso for um problema para a outra pessoa, ela já está descartada, simples assim. Por que eu ficaria com alguém que não admira meu corpo e, portanto, não me admira? Gostar de alguém é gostar da gente também, gostar de como aquela pessoa nos vê. Em um relacionamento bacana, com química sexual e respeito, os dois lados se admiram, acham bonito o que o outro tem, o que o outro é, e por isso querem estar juntos.

Apesar disso, o fato de eu ser muito independente, determinada e seguir firme atrás dos meus propósitos acaba assustando alguns homens. Já teve quem dissesse que tinha medo de mim por causa dessa postura mais "alfa". Também já ouvi que meu jeito natural, espontâneo e sem frescuras é o que atrai. Nunca deixei de ser quem sou para conquistar alguém.

UM MODELO DIFERENTE DE FAMÍLIA

Com o Lee, com quem vivi um relacionamento amoroso por onze anos, a química era outra. Sempre tivemos (e ainda temos) uma conexão emocional muito forte. Às vezes, quando estou viajando e fico triste por algum motivo, não demora muito e ele me liga ou me manda uma mensagem perguntando como estou e o que está acontecendo. Ele está lá, trabalhando, fazendo suas coisas e sente algo estranho. É muito maluco.

Lee sempre ficou por perto, me apoiando quando mais precisei. Ele é meu vizinho de porta. Assim, juntos

Nunca deixei de ser
quem sou para
conquistar alguém.

e separados, criamos meus dois filhos. Não somos um par convencional, mas somos grandes amigos e funcionamos muito melhor do que boa parte dos maridos e esposas por aí. Gosto disso.

GORDOFOBIA, NÃO!

Sou modelo, faço fotos sensuais, muitas vezes de lingerie ou biquíni, já fui capa da *Playboy*, sou separada e vivo viajando pelo mundo a trabalho. Sou independente e dona do meu nariz. Por isso, as pessoas concluem que tenho uma vida amorosa agitadíssima — e mal sabem da verdade.

Na adolescência e quando cheguei aos Estados Unidos e conheci outras babás gringas que faziam a maior farra nos dias de folga, eu ficava mais na minha. Saía, me divertia, mas não ficava com vários caras. Chamava muita atenção porque tinha cabelão, cintura fina, bundão... Nunca precisava pagar para entrar nas casas noturnas, era só chegar perto que os seguranças davam passagem. Mas nunca fui de pegação. Preciso de intimidade, tenho que ir conhecendo a pessoa aos poucos.

Mesmo não sendo um modelo de sucesso no amor, muita gente faz perguntas sobre o tema para mim. Tem de tudo. Querem saber como é a vida sexual de uma gorda, se sofremos bullying, se vivemos sozinhas, se é difícil achar o amor... Coisas tão absurdas, que não sei nem como responder. Uma moça uma vez escreveu uma mensagem longa e tristíssima. Contava detalhes do casamento que acabou depois que ela pegou o marido na cama com outra. E ele ainda disse que queria se separar porque ela tinha engordado. Outra pessoa contou que um rapaz com quem estava saindo era louco por ela, mas tinha vergonha da sua aparência, então eles só ficavam juntos quando não tinha ninguém mais por perto. Isso é abusivo!

Também recebo muitas mensagens de mulheres que dizem que, antes de conhecer meu trabalho, viviam isoladas, não aceitavam o próprio corpo e não tinham coragem de arriscar um relacionamento. Fico muito feliz ao receber mensagens assim, porque sinto que de certa forma contribuí para melhorar a vida daquela pessoa. Por outro lado, não consigo acreditar no mundo em que vivemos. Pensar que uma mulher não se sente no direito de amar e ser amada simplesmente porque seu corpo está fora de padrões aleatórios é algo muito triste.

Felizmente, não passei pela situação absurda de estar a fim de alguém e ser rejeitada por causa do meu corpo. Imagino que, se isso acontecesse comigo, minha atração pelo cara iria por água abaixo. Um cara que pensa assim, que guia seu desejo sexual por uma característica dessas, não sabe de verdade o que é tesão. Para mim, tesão não vê celulite, estria, gordurinha, nada disso. E acho que a maioria dos caras pensa assim também.

Porém, vivemos numa sociedade machista, que atribui quase tudo ao corpo ideal, que coloca sobre a mulher a responsabilidade de ser magra e bonita, de atender os caprichos estéticos dos outros. Homens são doutrinados a analisar ou entender a atração de forma restrita. Muitos caem fora do relacionamento só porque a mulher ganhou alguns quilos, outros se aproveitam da baixa autoestima dela.

Para mim,
tesão não vê celulite,
estria, gordurinha.

Mas há também o contraste desse cenário, o que me dá esperança. Alguns maridos me pedem ajuda para levantar a autoestima da esposa. Um me escreveu contando que ela tinha engordado depois da gravidez e não queria mais transar de luz acesa. Mas ele não ligava para o peso dela. Era louco pela esposa e só queria motivá-la a ser feliz e se aceitar do jeito que era.

DANDO A VOLTA POR CIMA

Como deve ter percebido, não acredito no físico como único elemento da atração. Para mim, a palavra-chave é autoconfiança. Parece simples quando dito, mas sei que na prática é muito mais complicado. Ficar bem com o próprio corpo não é algo que se conquista de um dia para outro, mas é extremamente necessário. Se não gostamos de nós mesmos, dificilmente alguém gostará. Precisamos, antes de qualquer coisa, cultivar o amor-próprio e olhar para nós mesmos como alguém desejável. E acabar, de uma vez por todas, com a ideia de que gordo não pode ser amado ou desejado.

6. Tamanhos grandes, mercado pequeno

QUANDO SE TRATA DE MODA NO BRASIL, o dinheiro da gorda parece não ter muito valor, a julgar pelo tamanho do mercado. Não temos opções de produtos adequados ao nosso corpo e não somos bem-vindas nas lojas. Mas a verdade é que somos mulheres como quaisquer outras. Temos as mesmas dificuldades e os mesmos sofrimentos, enfrentamos as mesmas lutas para criar nossos filhos, construir nossa carreira, manter os relacionamentos amorosos, as amizades e a família. Mas o dinheiro que eu ganho com tanto suor quanto uma mulher magra parece perder o valor por causa do meu físico.

Naquela viagem que fiz a Natal, parte do que me chocou foi constatar que milhões e milhões de mulheres não podiam se vestir bem. Enquanto isso, por viver nos Estados Unidos, eu tinha o prazeroso luxo diário de escolher entre centenas de peças de roupa que ficavam boas em mim e se adequavam ao meu estilo pessoal. Depois do ocorrido, não houve um dia sequer em que eu não pensasse em como as

Quando se trata de moda no Brasil, o dinheiro da gorda parece não ter muito valor.

mulheres do meu país se viravam para ter algo "passável" para sair de casa.

A ideia me angustiava profundamente. Ninguém pode ter seu direito de expressão, inclusive através da moda, retirado. Era inaceitável que um dos maiores países do planeta, em que mais da metade da população feminina veste acima de 42, não fosse inclusivo.

Perguntava às minhas amigas gordas: "Como você se veste?". E a resposta era: "Não me visto". Ao menos não no sentido "moda" da coisa. Se tinham um evento especial, recorriam a uma costureira — o que não é muito barato —, mas para o dia a dia não havia opções de estilo, corte etc. Por que essas pessoas não tinham o direito de comprar roupas? Por que a moda era feita para magras apesar de o corpo das consumidoras não corresponder a essa realidade?

Descobri que as poucas marcas que fabricavam roupas de tamanho maior no Brasil não faziam publicidade sobre isso, como se tivessem vergonha de oferecer essas opções. E não pense que havia uma variedade de tecidos e modelos, as peças eram de malha e sem corte — além de serem mais caras.

Eu me dei conta de vários obstáculos que teria pela frente para mudar essa situação. Primeiro a disponibilidade de tamanhos maiores. Pouco a pouco eles começaram a surgir, depois que comecei a falar na mídia e reivindicar esse direito. Em seguida, a diversidade de tecidos. Tenho malha, claro, mas não é algo exclusivo no meu guarda-roupa. Também tenho muitas peças de algodão, linho, seda, ou seja, tecidos que não esticam e pedem um corte mais cuidadoso e planejado para tamanhos maiores.

Durante esse processo eu encorajava as pessoas a reclamar e lutar pelo direito de ter roupas adequadas a seu corpo. Ficava chocada com a cegueira em relação ao que chamo de "mina de ouro", um mercado que já é bilionário em outros países. Eu sentia que as próprias consumidoras não sabiam da liberdade e das possibilidades que teriam se as marcas oferecessem mais opções.

Finalmente, também era necessário ter informação de moda. Isso envolve caimento, design, e não apenas adicionar metragem de tecido ao manequim PP. É preciso fazer provas da roupa plus size para garantir que sirva e caia bem. Estamos começando a caminhar agora nesse sentido.

PADRÃO FORA DOS PADRÕES

Infelizmente, o preconceito e a não aceitação do próprio corpo estão em todas as esferas da sociedade. Estamos cansados de ouvir sobre o que acontece no mundo da moda tradicional. Por mais lindas, altas, magras e jovens que sejam as modelos, grande parte delas se submete a tratamentos agressivos para manter a aparência. Isso sem falar naquelas que sofrem de bulimia ou anorexia, ou que se entopem de remédios para controlar o apetite. O que pouca gente sabe é que absurdos como esse acontecem também no mercado plus size.

Não importa o mercado, há sempre uma pressão sobre a imagem feminina. A mulher se cobra demais e é cobrada pelos outros. Trabalho com muitas modelos que tomam moderador de apetite e encaram tratamentos estéticos drásticos. Para mim é revoltante que mesmo no plus size sejam raríssimos os casos de gente que está em paz com o próprio corpo, refletindo o público para quem vende.

Minha boa relação com meu corpo foi essencial para minha carreira. Embora o universo plus size seja inclusivo, ainda é um negócio voltado à imagem. Sempre me assustou o fato de que estávamos ali representando mulheres reais e mesmo assim deparava com modelos sucumbindo aos mesmo tipo de drama contra o qual eu presumia que estávamos lutando.

Comecei a entender que havia um lado obscuro e altamente hipócrita na coisa toda. Quando eu, uma mulher gorda, que me aceitava, vivia de bem comigo mesma, de repente entrei no mundo da moda, pensei que poderia representar uma gama de mulheres que sempre foram rejeitadas e ignoradas. Mas a verdade é que estava inserida num universo que não era nada daquilo que eu imaginava.

Frequentemente eu recusava oportunidades de trabalho porque não queria perpetuar mentiras. Os repetidos discursos de "um dia fui bulímica/anoréxica, mas hoje aprendi a me amar e aceitar" eram explorados por fama e motivos financeiros. Muito daquilo era fabricado por agências e assessorias de imprensa ou pelas próprias modelos, sabendo que a sociedade se comovia diante de histórias do tipo.

Costumo dizer que quebrei paradigmas no mundo em geral e dentro do meu próprio mundo. A maioria das modelos com quem comecei a trabalhar perdeu peso. Elas sofreram pressão, assim como eu, mas nunca sucumbi, porque minha perspectiva sempre foi outra. Eu era o que eu era.

Ninguém pode ter seu direito de expressão, inclusive através da moda, retirado.

Estava bem sendo aquela pessoa. E continuo assim. Não entrei nesse mercado porque não havia lugar para mim fora dele. Não comecei a modelar para me aceitar, nem passei a me aceitar só depois que minha silhueta gorda foi valorizada de alguma forma. Essa visão me ajudou e ainda me ajuda a sobreviver. Consegui, inclusive, não me submeter ao padrão que, por incrível que pareça, existe dentro de um nicho que vende corpos fora do padrão.

No plus size, somos forçadas a acreditar que quem veste 44 ou 46 fotografa melhor. E para mim isso representa o preconceito e a preguiça da indústria. Eu não visto isso. Sou modelo *e* consumidora plus size. Meu corpo tem o formato que chamam de pera. Mas é uma pera radical! Tenho o quadril muito maior do que o busto e a cintura bem fina. E fotografo muito bem.

O que explica meu bom desempenho diante das lentes? Minhas aptidões como modelo vieram naturalmente. Mas, como qualquer outra pessoa, me dediquei a aprender mais da profissão. Sei atuar diante da câmera, sei escolher os ângulos, sei incorporar a personagem necessária para o contexto, desenvolvi todas as técnicas necessárias para a carreira.

Como eu disse, quebrei paradigmas. Não me enquadro na exigência preconceituosa do mercado plus size, mas, ainda assim, sou uma das poucas modelos que vive exclusivamente dele. Quando comecei, cansei de ver dedo apontado para minha cara e gente dizendo que eu não ia para a frente, que não tinha o perfil certo, que nunca faria ensaios para revistas importantes. Pois já posei para a *Vogue*, o mais importante título do mundo da moda, algumas vezes. Já fiz até a edição italiana, que é disputadíssima pelas modelos. E, para calar a boca de todo mundo, fui capa da *Playboy* brasileira, a primeira gorda nesse papel.

A ETIQUETA É DA ROUPA, NÃO SUA!

Calças, blusas, lingeries e afins devem ser separadas por tamanhos, mas nós não. Então por que seguimos presas a esses padrões? Assim como os números da balança, acho incrível como os das peças que compramos mexem com nosso humor, determinando a forma como nos vemos e como imaginamos que os outros nos enxergam. Aceitar o próprio corpo, ser feliz com o seu manequim, sentir-se bem independentemente do tamanho do jeans que você usa é um processo que depende também da desconstrução do que significa uma etiqueta.

O primeiro passo para isso é pensar objetivamente no que ela é: um pedaço de pano (muitas vezes de má qualidade e que incomoda) aplicado na parte interna da roupa. Ali estão escritos alguns detalhes sobre o produto. Há informações quanto a procedência, tipo de tecido, instruções sobre lavagem, manutenção e tamanho. Para que serve esse último dado? Na fábrica e no estoque, para a organização das peças. Na loja, para facilitar o trabalho dos vendedores e ajudar os clientes a se virarem sozinhos. São todas indicações técnicas, para uso prático.

Nos meus anos como modelo, nunca vi uma etiqueta em que se lia: "Você está gorda pra caramba, não merece comprar uma roupa nova". Ou: "Esta peça não é para você". Muito menos: "Emagreça já! Quem você pensa que é para usar isso?". Ainda assim, são essas as mensagens que esses pedacinhos de tecido transmitem por meio de seus números quando alguém experimenta uma roupa que ficou apertada demais em um provador.

Pedir à vendedora uma calça 46, por exemplo, e descobrir que ela fica pequena pode causar um efeito devastador em razão dessa ditadura das etiquetas. Quantas pessoas não se submetem a usar uma roupa apertada apenas pela numeração mais baixa? Ou quantas simplesmente não desistem da compra? Vão para casa deprimidas e dispostas a tudo — até mesmo a pôr a saúde em risco — para emagrecer e provar novamente a peça. Outras acabam mergulhando na comida como forma de se punir. E arrisco dizer que, no Brasil, elas são mais numerosas do que em países que respeitam a padronização das roupas. Principalmente onde o mercado para moda plus size é maior, com variedade de produtos e fabricantes.

Nem todas as consumidoras brasileiras sabem, mas o que acontece com o tamanho das roupas aqui não é normal ou respeitoso. Em outros países, o tamanho é estabelecido por entidades — governamentais ou não — que regulam ou organizam a indústria têxtil e a moda. Assim, o número 50, não importa o fabricante, terá sempre a mesma medida de circunferência de quadril. A cintura ou o comprimento, por exemplo, podem até variar de acordo com a modelagem. Afinal, existem modelos e caimentos diferentes. No entanto, qualquer uma das duas versões deve servir em um corpo que use esse tamanho.

Não é assim aqui, como você sabe. Entre uma loja e outra, o número pode variar muito. Tudo porque não existe um padrão. Para se ter uma ideia, esse problema interfere até mesmo na rotina do meu trabalho como modelo. Em qualquer lugar do mundo, dias antes de um ensaio, produtores, estilistas, fotógrafos e toda a equipe montam o que é chamado de "tema". Ou seja, decidem quais peças serão usadas, quais looks serão fotografados e em que cenário as fotos serão feitas. Em países onde há um código de padronagem, o comum é que haja um dia de prova. As agências enviam o manequim das modelos e, nessa ocasião, só vestimos as peças para ter certeza de que elas nos caem bem. Eventualmente, ajustes são feitos. Muito do que visto passa por esse processo. Faz parte do trabalho, está calculado no cronograma e marcado na minha agenda e na de todos os envolvidos.

Quando se trata de marcas brasileiras, vira uma bagunça. Não são necessários apenas ajustes. Há vezes em que as diferenças entre uma peça e outra são tão grandes que é preciso fazer novos pedidos à fábrica. Com isso, nem sempre um único dia de prova é suficiente. Dessa forma, prolongamos o processo, consumindo mais tempo e dinheiro.

Esse problema tem impacto direto no comércio on-line. Entre o consumidor e o vendedor, há muita incerteza e desconfiança. Além dos temores comuns a qualquer tipo de negócio pela internet — questões sobre a entrega, a segurança dos dados fornecidos na rede, a possibilidade de troca —, há ainda o empecilho da falta de padronização. Afinal, como vou comprar uma roupa se não sei qual é meu manequim em determinada loja? Algumas marcas tentam resolver fornecendo as medidas em centímetros, o que de certa forma já facilita para os consumidores.

A falta de padronização dá margem ainda para que algumas marcas — com práticas de marketing ultrapassadas — pautem suas campanhas na força do preconceito. Explico: por trás de uma marca, existe toda a construção de uma ideia. Faz parte disso, por exemplo, determinar o público consumidor. Não é preciso ser especialista em moda para saber que cada marca tem um direcionamento para quem vai consumi-la, seja baseado na faixa etária ou no estilo (roqueira, praiana, executiva). Do preço a ser praticado, passando pela região da cidade onde as lojas serão instaladas até as estampas e tecidos, tudo é escolhido levando em consideração esse perfil. E isso não termina ao concluir a compra. As clientes funcionam como modelos reais. Ou seja, ao mesmo tempo que fazem de tudo para a consumidora com o perfil que almejam comprar e vestir suas peças, trabalham para evitar aquelas que estão fora desse padrão.

Conscientemente ou não, é isso o que está por trás da atitude daquela vendedora que me atendeu mal em Natal. Algumas marcas simplesmente não querem que uma gorda use a roupa delas, por isso nem as fabricam em tamanhos grandes. Ou pior, consideram como números "grandes" peças que não caberiam numa pessoa gorda. Isso porque entendem que as magras, ao verem peças iguais às delas (ou às que gostariam de ter) em corpos que simplesmente abominam, vão deixar de comprar roupas daquela marca. Como você deve ter se dado conta, a gordofobia está em toda parte.

Agora eu pergunto: sabendo de tudo isso, como podemos submeter nossa autoestima a uma engrenagem tão estúpida? Espero que você repense a forma como lê uma etiqueta, reduzindo o valor que dá a ela e aumentando o que dá às suas qualidades e a quem você é. Não se resuma a um número impresso em um lugar que ninguém além de você vê. Aliás, faço uma sugestão: uma vez comprada a roupa, corte a etiqueta e jogue fora. Ela não tem mais serventia.

REPRESENTATIVIDADE

Comecei minha carreira trabalhando para marcas americanas. Aos poucos, expandi minha atuação e fui chamada para campanhas em outros países. A experiência permitiu que eu conhecesse realidades muito distintas. Nos Estados Unidos, me habituei à variedade de lojas que trabalham com plus size. Das mais finas e caras aos grandes magazines, que vendem fast-fashion a preços populares, há linhas completas em tamanhos grandes. Vestir uma gorda não é um problema. O melhor dos mundos, porém, é a Inglaterra. Lá, além da diversidade, há qualidade em praticamente todo tipo de marca. Os cortes britânicos são lindos e as roupas vestem muito bem! Trabalho bastante também na África do Sul, onde o mercado vem crescendo muito e há um grande interesse por entender a clientela da melhor maneira possível.

Resolvi entrar no mercado brasileiro por ser a minha terra. Para isso, eu precisava de uma assessoria de imprensa que me ajudasse a difundir meu trabalho aqui. Mesmo depois que consegui achar alguém para me representar no país, não foi nada fácil. Só caía em roubadas. Quase

Não se resuma
a um número
impresso em um
lugar que ninguém
além de você vê.

não existiam marcas voltadas para o mercado de peças grandes. Duas ou três faziam um bom trabalho. A maioria, no entanto, vendia aquelas coisas horríveis, geralmente feitas de malha, com cortes e caimentos displicentes, que escondem o corpo. Era um verdadeiro desrespeito à consumidora. Eu estava disposta a mudar aquela realidade e sabia que era possível. E já estava em uma situação financeira que me permitia desbravar esse mundo sozinha. Insisti e insisti até conseguir.

Critiquei marcas e defendi o direito de escolha da mulher gorda na hora de se vestir. Algumas marcas se revoltavam com meu discurso, alegando existir no mercado havia décadas... O mesmo aconteceu com modelos. E eu me perguntava: onde se escondiam essas marcas e essas modelos que já existiam há tanto tempo?

Revendo algumas das minhas primeiras entrevistas aos veículos brasileiros, noto que ainda existia muita resistência. Eu recebia perguntas supercéticas quanto à seriedade da minha profissão, como se "qualquer uma" pudesse ser modelo plus size. Além disso, havia uma resistência em propagar o amor-próprio. Afinal, se não forçássemos mais as mulheres a emagrecer, sobre o que falaria a sessão de dietas?

Pouco depois, quando já estava mais conhecida, cansei de ouvir a pergunta: "Como é ser a pessoa que trouxe o termo 'plus size' para o Brasil?". Se traduzido, o termo significaria apenas "modelos maiores" ou "tamanho maior". Mas vejo que muita gente o usa como um eufemismo, ou como uma novidade que veio de fora. No fundo, esse é só um nome para algo que já estava no ar. Muita gente queria discutir essa questão, mas não encontrava espaço ou interlocutor.

A verdade é que existia (e hoje é mais evidente que nunca) um potencial de consumo de roupas para pessoas gordas, mas reprimido pela cegueira geral, alimentada pelo preconceito. Ninguém percebia o quanto poderia vender para mulheres gordas porque simplesmente não se queria olhar para elas. Não se levava em consideração as vontades e as necessidades da gorda. O normal era desvalorizá-las, mantê-las presas em estereótipos que não as representavam. Quantas vezes ouvi mulheres dizendo: "Você me fez sentir orgulhosa de mim porque agora não sou mais gorda, sou plus size". Isso me deixa feliz e triste ao mesmo tempo. Ora, é a mesma coisa. Para que esconder um adjetivo com uma palavra importada?

Tenho especial orgulho das linhas de roupa que desenvolvi com marcas brasileiras para o mercado local. A primeira parceria, de lingerie, começou tímida, em 2015. Pensei em detalhes que atendessem às necessidades de mulheres gordas, como alças de sutiã acolchoadas, que não machucassem os ombros. Não havia muita expectativa, mas em poucos meses a linha se esgotou on-line. Quando lancei a moda praia, no fim do mesmo ano, senti uma felicidade enorme, porque este é um terreno especialmente difícil para mulheres gordas. Existe toda uma indústria midiática sobre como é indesejável mostrar o corpo gordo. É preciso fazer de tudo para "entrar em forma" e poder usar um biquíni — e a alternativa é se esconder. As opções de compra sempre foram escassas para quem não se encaixa nos padrões do mercado.

Nas linhas de bodies e lingeries também sinto um enorme orgulho por providenciar roupas que dizem "sim, você é sexy". O mercado tem, aos poucos, evoluído para oferecer variedade e expressão de estilo a todas as mulheres, sem forçar um único modelo "esconde tudo" para os tamanhos plus size. Mas o que realmente importa é, além de oferecer variedade de estilos, levar à autoafirmação.

Além de roupas que servem e caem bem, estamos conquistando cada vez mais representação para quebrar os padrões de beleza, do desejável e do tal "corpo de praia". Tem sutiã para todo mundo se sentir linda sem roupa, sim!

7. O convencional não existe mais

A internet rompeu muitas barreiras. Se antes as ideias do que são beleza, saúde, juventude, qualidade de vida e bem-estar passavam por imagens forjadas por campanhas de publicidade muito bem arquitetadas, distantes das pessoas comuns, hoje temos acesso fácil à realidade. Com a informação literalmente na palma das mãos, as pessoas têm muita facilidade de checar a veracidade das coisas, descobrir o que está, de fato, por trás de um corpo sem celulites ou estrias (muito Photoshop, em geral). O mundo encolheu, e o público está sedento por realidade. Eu posto fotos de biquíni suja de lama ou tomando banho de mangueira no quintal em Boa Vista, sem um pingo de maquiagem, e elas ficam entre as mais curtidas na minha página do Instagram. As agências não acreditam! E, em vez de fotos muito produzidas, como no passado, pedem que eu repita a dose de imagens reais, registradas com celular e que mostrem minha vida, meu cotidiano e meu corpo como realmente são, sem grandes firulas. As pessoas querem mais disso.

Chegamos, finalmente, a um tempo em que as pessoas buscam por representatividade. Necessitamos de identificação. Tanto é que as marcas plus size que tentam colocar modelos tamanho 44 em suas campanhas sempre acabam se dando mal. Afinal, teoricamente, quem veste até 48 não tem dificuldade de consumir moda, já que a maioria das marcas supostamente oferece esses tamanhos. E que fique claro: a representatividade deve ocorrer em todos os tamanhos. Mas estou falando de moda plus size. E essa postura do público, que busca modelos que também sejam consumidoras do segmento, é muito positiva. Temos, mesmo, que rejeitar aquilo que não atende às nossas necessidades.

EFEITO DE REDE

Uma vez recebi um relatório de uma agência mostrando o perfil dos meus seguidores e é algo muito impressionante: são desde adolescentes até idosos. A maior parte (mais de 70%) é mulher, mas há um número considerável de homens também. Que publicitário poderia prever isso? Qual agência seria capaz de produzir uma imagem que pudesse atrair um perfil tão variado de consumidores? Isso nunca seria possível antes da era digital. Vivemos um momento único.

E daí vem uma enorme responsabilidade: conhecer o meu público e estar próxima dele, falando a verdade e ouvindo o que ele tem a dizer. Eu sei que o que eu publico na internet não passa despercebido. Pelo contrário. Tenho consciência de que muito do que está ali mexe diretamente com a vida pessoal de algumas pessoas. Pessoas, aliás, que há até bem pouco tempo se sentiam isoladas, não representadas. Eu falo com um grupo que está aprendendo agora a aceitar o próprio corpo, a enxergar a própria beleza sem se submeter aos padrões impostos, que está questionando imagens preconcebidas que não o representam.

O FUTURO ESTÁ NA SORORIDADE

Para mim, um dos maiores benefícios trazidos pela internet é que nós, mulheres, descobrimos que somos mais fortes juntas. Graças a movimentos articulados nas redes e campanhas que promovem o empoderamento feminino, estamos percebendo que a ideia de que mulheres são rivais está ultrapassada. É fato que essa postura de irmandade ainda não é unânime. Os modelos machistas ainda estão arraigados na sociedade. Ainda há quem acredite em ideias furadas, como a de que uma mulher só está plenamente feliz quando é magra e tem um companheiro. E é ainda mais completa se tiver filhos, o que são ideias equivocadas. É claro que há casadas e felizes. Mas também há as tristíssimas. E existem ainda solteiras, sem filhos, que vivem absolutamente bem. Sem falar nas mães solo, que, apesar de sobrecarregadas, podem ser radiantes. Assim como há magras deprimidas e gordas felicíssimas. Ou o contrário. Não há regras!

Na luta pela aceitação de nossos corpos, alguns dos maiores desafios são os comentários de outras mulheres. Mas este é um esforço que precisamos fazer: cada uma de nós tem o dever, o compromisso, de mudar de postura. Antes de criticar a outra por causa do cabelo, da roupa, do marido que escolheu, precisamos parar para refletir: qual o objetivo da crítica? A quem ela favorece? Quando alfinetamos outra mulher, estamos apontando uma lança a nós mesmas. Manter a cultura da objetificação feminina, a ideia de que somos feitas para cumprir padrões, para atender a expectativas alheias, é ruim para cada uma de nós. O bullying feminino existe e precisa acabar. Definitivamente!

Sem dúvida, por décadas fomos ensinadas a ser más umas com as outras. Meninas aprendem a competir dentro de casa, em família, na escola. É o que a televisão, as revistas nos dizem ser normal. Mas está errado e precisamos combater essa cultura. Em caso de traição, culpamos primeiro a amante. O homem age sempre por "instinto"; a sacana é ela. A sociedade machista vai sempre isentar o homem de culpa e punir a mulher. Mas precisamos pensar bem: quem ganha com isso? Vamos realmente perpetuar essa lógica estúpida? Mesmo depois de tantas conquistas, depois de termos provado que conseguimos ocupar os mesmos cargos em pé de igualdade com eles, depois de garantir, por lei, a punição de crimes contra a mulher, vamos continuar nos confrontando? Não! Precisamos nos unir — e usar a internet como uma grande arma a nosso favor.

Acredito na ideia de que trocar a crítica pelo elogio deveria ser regra. Toda vez que você for criticar uma mulher, tente procurar nela algo que você goste, que mereça

Para mim, um dos maiores benefícios trazidos pela internet é que nós, mulheres, descobrimos que somos mais fortes juntas.

sua admiração. Eu percebo entre minhas próprias amigas que a mulher não está acostumada a ser elogiada por outra mulher. Achamos estranho. Confundimos com inveja disfarçada. Ficamos sem graça, encaramos como piada, tentamos banalizar, desviar o assunto. Há algum tempo, fiz um experimento informal e passei a elogiar mulheres na rua onde quer que eu estivesse. Como viajo muito a trabalho, pude fazer o teste em vários países diferentes. Se eu admirava algo que outra mulher estava vestindo ou usando, como uma calça ou um batom, eu não hesitava e ia logo comentar com ela. Em alguns lugares, como nos países escandinavos, as mulheres agiam bem. Era ótimo, pois elas respondiam contando onde tinham comprado aquela peça, dando sequência à conversa. Já no Brasil, meus comentários eram encarados com desconfiança, o que me entristece muito. A mulher brasileira ainda não está acostumada a ser admirada por outra mulher com verdade, sem um apelo irônico ou sexual. Espero que isso acabe logo.

Minha esperança é de que as mais jovens, como a minha filha Lua, encontrem um cenário melhor, em que as mulheres não julguem mais umas às outras pela aparência, pelo comportamento. Tento sempre encorajar minha filha a ser ela mesma, se aceitar e não julgar as outras meninas. Esse apoio para nossas filhas, sobrinhas, irmãs mais novas, o que estamos assimilando agora sobre diversidade, aceitação, união com outras mulheres, é algo que pode — e deve — ser passado adiante. É uma luta que estamos aprendendo a lutar, e acredito que esses esforços podem dar resultados no futuro.

8. Agir para transformar

Eu gosto de ser quem sou. Minha vida não é e nem nunca foi fácil. Tenho um monte de defeitos, mas convivo com eles. Erro, mas busco me perdoar. Sofro, mas sei que o sofrimento faz parte de um processo, é uma etapa, um estado, assim como a felicidade. Não sou perfeita, mas o saldo de quem eu sou é positivo. E espero que você, chegando ao final deste livro, sinta um pouco dessa sensação. Espero ter contribuído para que goste de ser você, seja lá quem for.

Desde que me tornei modelo, assumi a postura em tempo integral, no meu cotidiano, nas redes sociais e, agora, neste livro, de compartilhar o sentimento de ser uma mulher gorda. Quero mostrar minha mentalidade pois entendi que ela é diferente da maioria. Percebi que, de certa forma, eu posso contribuir para mudar a maneira como a sociedade enxerga a pessoa gorda. No Brasil, por exemplo, eu me coloquei em uma posição absolutamente determinada de abrir espaço para o plus size no mercado da moda.

Acredito muito que só é possível atingir grandes objetivos e provocar grandes transformações agindo. A mudança acontece pela ação. Claro que a crítica é importante. Mas de nada adianta apenas criticar, ou ficar sentado reclamando do bullying que sofreu, ou de como a vida é dura, de como os outros tornam as nossas empreitadas difíceis. É preciso fazer algo. E essa é minha postura. Sempre. O meu caminho é no sentido de tentar construir coisas novas, promover mudanças.

Vou contar um fato que ilustra um pouco do que eu estou dizendo e mostra como eu consegui, em um curto período de tempo, provocar uma transformação. No início de 2015, quando ainda estava vivendo uma fase intensa de luto por causa da morte do meu companheiro, era mãe de um bebê e tentava, ao mesmo tempo, retomar minha carreira, dei uma entrevista e fiz uma sessão de fotos para a capa da revista *Trip*. O repórter tinha ouvido falar de mim e ficou interessado na minha história. Meu contato com ele foi ótimo, mas a interação com o fotógrafo contratado pela revista para aquele trabalho não foi boa.

Quando vi o resultado das fotos, fiquei perplexa. Elas deveriam ilustrar uma matéria que contaria a minha história, que me apresentaria ao público da revista como uma das modelos plus size mais requisitadas do mundo. Assim, o natural seria que as imagens, que eram sensuais, mostrassem o meu corpo como ele é: gordo, com abundância de curvas, estrias, celulites e (dá licença que eu vou passar com minha sinceridade) muita beleza.

Mas não foi nada disso o que ele registrou nas fotos. Vestida de preto contra um fundo escuro, na sombra, eu

Acredito muito que
só é possível atingir
grandes objetivos
e provocar grandes
transformações agindo.

fui escondida pelas fotos. Só o que aparecia era o meu rosto. O destaque estava nele. Já a minha silhueta estava disfarçada pelos enquadramentos, jogos de luz. Era a versão fotográfica dos comentários que já ouvi muito na vida: "Nossa, você tem um rosto lindo. Pena que é gordinha...". Ou seja, já que meu corpo não estava no padrão que aquele fotógrafo esperava, ele resolveu que não deveria mostrá-lo.

Eu poderia ter simplesmente ficado quieta. Afinal, como pensam alguns, aquele era um espaço nobre concedido a uma modelo gorda. Era a esmola que a mídia concede a quem não atende aos padrões clássicos de beleza só para dizer que dá espaço para todo mundo. Eu deveria aproveitar. Por que não me contentar? Reclamar poderia pôr tudo a perder e, em vez de uma matéria de capa com fotos das quais eu não gostava, eu teria nada. Zero. Nenhuma divulgação.

Eu tinha algumas poucas opções. Poderia aceitar as fotos como estavam, aproveitar o espaço e ficar quieta. Poderia, ainda, me manifestar depois da publicação, o que causaria polêmica, chamaria atenção do público, viraria o jogo, talvez, ou atrairia ainda mais a atenção dos preconceituosos, dos gordofóbicos. Mas o que ficaria registrado na revista, ainda assim, seria mais do mesmo: uma gorda escondida por ser gorda.

No entanto, não fiz nenhuma dessas coisas. Eu abri minha boca enquanto era tempo. Reclamei para o repórter, para os editores da revista e expliquei por que não tinha gostado das fotos, do contato com o fotógrafo. Mostrei minha insatisfação, enfim. E também deixei claro como, ao contrário do que eu imaginava que seria o objetivo da publicação, ela só reforçaria o comportamento padrão, que dá espaço apenas para mulheres com corpos considerados perfeitos. Assumi o risco de perder a matéria, porque não consegui ficar quieta diante daquilo.

A reação foi surpreendente. Eles concordaram comigo e me propuseram fazer um novo ensaio, com outro profissional. Tomaria mais tempo, é verdade, mas seria uma forma de não abrir mão da matéria e deixá-la como realmente deveria ser. Fiquei muito satisfeita. E ainda mais contente com como o trabalho foi conduzido em seguida. O novo fotógrafo, Pablo Saborido, conversou comigo um dia antes das fotos. Passamos horas nos conhecendo, e o resultado mostra a delicadeza com que ele conseguiu conduzir o trabalho. Meu corpo foi retratado com luz natural. Eu usava lingerie clara, com transparência. Nada estava escondido. Pelo contrário, as fotos valorizavam minha forma, mostravam uma gorda assumida, não uma gorda escondida por ser gorda.

Essa história é um bom exemplo de uma conduta na qual eu acredito muito. Quando consigo priorizar o que é importante para mim, e não para outros, acabo por me libertar de correntes negativas, de lógicas tóxicas tão arraigadas em nossa sociedade e que causam tanto mal, sobretudo às mulheres. A partir do momento em que conseguimos romper com tudo isso dentro de nós e enxergar onde estão os problemas, fica muito mais fácil não apenas questioná-los, mas provocar a transformação. Quer mudar? Acima de tudo, se respeite. Faça com que você seja a prioridade, sempre. Quando entendemos e aceitamos que beleza não segue padrões e que a beleza real está naquilo que nos faz únicas, passamos também a nos enxergar de uma forma mais positiva.

A sociedade e o mercado, sem dúvida, estão mudando. E rapidamente. Depois de ter passado pelo sufoco para encontrar alguém que me representasse no Brasil e o estresse com situações como essa que acabei de descrever, agora está tudo ficando diferente.

Em novembro de 2016, posei para a capa da *Playboy* que circulou no mês seguinte. Fui a primeira modelo plus size a figurar na capa da revista, o que mostra um avanço enorme. E esse movimento cresce. No Brasil, revistas femininas já estão trazendo modelos gordas para suas páginas. Fora do país, essa também já é uma realidade recorrente, o que me deixa muito feliz e me faz acreditar ainda mais no meu trabalho.

Tudo o que vivi me faz pensar na sorte que tive, de estar onde estou e conquistar o que conquistei. Sou afortunada por conseguir manter um círculo tão especial de pessoas ao meu redor, que entendem meu jeito de ser, me apoiam e ajudam na criação dos meus filhos. Sempre acreditei em trabalhar duro para alcançar meus objetivos. Hoje em dia, isso significa viajar muito mais do que acho confortável e muitas vezes passar tempo longe dos meus filhos. E ainda assim lutar pelo equilíbrio vale a pena. Vale muito a pena perceber que eu faço parte de uma transformação e que muitas pessoas veem em mim um exemplo de aceitação, satisfação e felicidade.

No dia em que a capa da *Playboy* foi divulgada com minha foto, fiquei radiante. Foi, sem dúvida, um marco dessa revolução. Uma vitória. Senti um orgulho imenso

Quando entendemos e aceitamos que beleza não segue padrões e que está naquilo que nos faz únicas, passamos também a nos enxergar de uma forma mais positiva.

por ser quem eu sou. Nesse estado de euforia, escrevi um depoimento e publiquei em meus perfis de redes sociais. Com pequenas edições, reproduzo o texto nas páginas seguintes. Espero que ele inspire você a sentir o mesmo prazer que eu senti naquele momento por ser quem eu sou, por ser a melhor versão de mim mesma.

Hoje parece que o mundo parou. Ouvi e li mensagens tão profundas sobre tantas coisas da alma humana...

Ser quem sou é um ato de coragem. Tenho esse sangue destemido, não tenho medo de dar passos que alguns podem até reprovar — e sei que, tipicamente, aqueles que desaprovam atos de coragem e autenticidade são os mesmos que se valem do medo e do preconceito como forma de autoproteção.

O amor e o apoio daqueles que aceitam a minha essência em sua totalidade me levaram a esse momento. E o mundo parou... Parou para abrir uma outra dimensão, onde revi e revivi cada momento em que o amor de tantos que me curou, me libertou, levou a dor para longe de mim, me fez rir até chorar, e me permitiu chorar para conseguir sorrir de novo.

O mundo parou para me dizer que a minha coragem libertou, ajudou a começar a cicatrizar, abriu uma brechinha para tantas pessoas conseguirem enxergar um novo começo. Modificações se iniciaram, passo a passo, um pouco de cada vez, ou de forma radical.

O mundo parou para me mostrar que É INCRÍVEL SER EU.

Tomando muita paulada, muita crítica, sofrendo muito terrorismo psicológico, abandono emocional, falências amorosas, enfrentando uma luta infinita para ser mãe, ter carreira e chorar de cara enfiada no travesseiro sozinha por tempos e tempos incontáveis... é bom ser eu! Louca, desbocada, cachaceira, cabocla, descabelada, aventureira que aposta em amor falido... Superei morte, pari filho sozinha, me reergui das cinzas aos trancos e barrancos. Enfrento o mundo sem um pingo sequer de receio. Estou pouco ligando para celulite, estria e essas coisas patéticas. É INCRÍVEL SER EU porque nunca desisti daquilo que nasci destinada a ser, e, assim, contagio o mundo com essa essência nata que é tão minha.

Estou longe da perfeição — putz, e como estou! Mas abraço meus defeitos de corpo e alma, e atolo o pé em todos eles (hoje sem culpa alguma!). E, ainda assim, É INCRÍVEL SER EU. Não há mentiras, não há pretensões e, às vezes, perco por isso. Mas o que se vê é o que há, é o que é. Não desisto de buscar ser a melhor versão de mim mesma a cada estágio desse jogo insano chamado VIDA. A minha essência não muda. Nunca.

Ainda não vou conseguir dormir, apesar de já serem três da manhã aqui nessa parte do mundo onde estou, mas, sentada nessa varanda, sozinha, me inundo divinamente com a certeza de que fui e serei sempre leal à essência mais verdadeira de quem sou e para a qual retornei ao plano físico para cumprir ser. Nasci revolucionária, não conformista, sem tolerância para barreiras e imposições, regras obsoletas. Nasci para contaminar corações com coragem, determinação, com uma eterna celebração de vida, porque ela, afinal, passa rápido demais para ficar nessa lenga-lenga troncha de "por fora bela viola, por dentro pão bolorento".

Quero autocombustão de gargalhadas, amores profundos, amigos interplanetariamente leais, mergulhos em alegria de pureza imensurável! A jornada é curta demais para porcaria de autoflagelação. Quero vida, quero ver o mundo viver!

E a todos que seguraram todas as minhas barras mais difíceis, que me apoiaram, que me alimentaram de mais coragem ainda para viver a minha verdade e, assim, poder contaminar o mundo com ela, podendo ensinar tantos corações a rever seus valores, suas almas, sua importância nesse universo nosso que ainda pode ser tão, tão mais lindo, sublime e potente, quero dizer que abraço minha alma à de vocês hoje e sempre.

TIPOGRAFIA Adriane por Marconi Lima
DIAGRAMAÇÃO Osmane Garcia Filho
PAPEL Pólen Bold, Suzano Papel e Celulose
IMPRESSÃO Gráfica Bartira, outubro de 2017

FSC
www.fsc.org
MISTO
Papel produzido a partir de fontes responsáveis
FSC® C105484

A marca FSC® é a garantia de que a madeira utilizada na fabricação do papel deste livro provém de florestas que foram gerenciadas de maneira ambientalmente correta, socialmente justa e economicamente viável, além de outras fontes de origem controlada.